REINHOLD STECHER
LICHTWORTE

REINHOLD **STECHER**

LICHTW✦RTE

Gedanken zu Advent und Weihnacht

Mit Aquarellen des Autors

HERAUSGEGEBEN VON
PETER JUNGMANN

TYROLIA-VERLAG · INNSBRUCK-WIEN

LICHTWORTE

LICHT INS DUNKEL

Weihnachten ist das Fest, das selbst in einer säkularisierten, dem Glauben sich entfremdenden Welt noch immer breite Kreise in der Gesellschaft zieht. Mit seinen gemütvollen Seiten hat es bei Kindern und auch bei vielen Erwachsenen einen festen Platz im Herzen. Die hier niedergelegten Gedanken versuchen ein wenig dazu beizutragen, dass mitten in einem veräußerlichten und kommerzialisierten Festtreiben nicht vergessen wird, dass das Geheimnis von Weihnachten ein einmaliges Licht in die Welt gebracht hat.

Diesen Gedanken des Lichts möchten auch die Bilder unterstreichen. Aber vor der Größe der Menschwerdung Gottes wird alles unzureichend – Wort und Bild.

Nur wenn wir die Herzen für die Ströme des Heils in unserer Zeit öffnen, wird uns der Advent mehr sein als eine Erinnerung an das Warten der Menschheit auf Christus und mehr als einige wunderbare, heimelige Bräuche. Dann stehen wir mitten im zeitlosen Advent Gottes, der immer aktuell ist.

AUFBRECHEN

——

Im Advent soll unser Herz aus der lauten, oberflächlichen,
verwirrenden und belasteten Welt aufbrechen und
auf Wanderschaft gehen – hin zum erlösenden Gott,
der ja durch alle Zeiten auf uns zukommt.

Alle Straßen der Herzlichkeit
sind Trassen nach Bethlehem.
Auf ihnen darf man getrost ausschreiten.

WER KLOPFET AN?

—

Der Advent ist die Zeit des Anklopfens.
Immer wieder ist der Herr auf der Suche
nach einem Unterkommen bei uns. Und er klopft
vor allem mit der Not der Welt an unsere Tür.
Der Advent ist eine Zeit, in der wir Christen ein feines
Gehör für dieses vielfache Klopfen entwickeln sollen.
Dann wird das schöne alte Lied „Wer klopfet an" viel
mehr sein als ein Stück liebenswerten Brauchtums.

DAS LOGO GOTTES

Ich weiß kein schöneres Logo in der Welt als „Licht ins Dunkel". Meiner Meinung nach ist „Licht ins Dunkel" nicht nur ein sozialer Impuls und es ist auch nicht nur ein Beleuchtungsauftrag für schöne Städte und Straßen. Licht ins Dunkel würde ich vom Glauben her gesehen für das Logo Gottes für das Universum ansehen. Es ist immer das Dunkel da und es ist immer das Licht da – und dieses Licht, davon bin ich überzeugt, wird siegen.

MOBILMACHUNG

Um die Zeit, in der der Inn den tiefsten Pegelstand
erreicht, hat die Hilfsbereitschaft Hochwasser.
Licht ins Dunkel, Bruder und Schwester in Not,
Wohltätigkeitsbasare und Nachbarschaftshilfe,
Sternsinger und Altenstuben, Aktionen von Vereinen
und Jugendgruppen, kirchliche und außerkirchliche
Initiativen brechen auf. Kein großes Fest der Welt kennt
eine ähnliche Mobilmachung des guten Willens.
In der Motivation zum Helfen hält Weihnachten die
einsame Spitze.

ICH WÜRDE MIR WÜNSCHEN,

dass wir den Advent und dieses besondere Fest
mit dem Satz verbinden:
Was ihr einem meiner geringsten Brüder getan habt,
das habt ihr mir getan.
Wer diesen Satz im Auge hat, wird Jesus Christus
als einen erleben, der nicht nur damals gekommen
ist, sondern immer wieder kommt.

TIROL BEI NACHT

an einem Winterabend heißt Dunkel und Kälte, Versagen und Desinteresse, Probleme und Abgründe in und um uns. Es gibt aber auch das andere Phänomen: das immer wieder beginnende Erwachen der Liebe in den Herzen, das Aufbrechen des Guten, des Helfens und der Glaubenskraft. Wer will am Abend die Lichter zählen, die ein Stück Welt und Heimat hell machen? Wenn's auch im Einzelnen nur kleine Punkte sind – sie wachsen doch zu einer hunderttausend Sterne zählenden Milchstraße zusammen, die durch die Nacht der Zeit zieht. Und dieser Tanz der Lichter, dieser strahlende Strom hat seinen geheimnisvollen Ursprung in jener Nacht von Bethlehem, in der das Kind geboren wurde, das von sich sagen konnte: Ich bin das Licht der Welt.

Von Mensch zu Mensch

Gott kann die eine Hand, die wir zu ihm hin ausstrecken, nur ergreifen, wenn unsere andere Hand helfend die Armen sucht. Der Friede, von dem die Engel von Bethlehem in der Heiligen Nacht singen, ist keineswegs nur ein Aufwallen von Kindertraum und flüchtiger festlicher Stimmung, sondern eine Frucht der Liebe von Gott zu Mensch, von Mensch zu Gott und von Mensch zu Mensch.

friede

GESCHENKTE ZEIT

Man kann die Zeit auch als Geschenk betrachten. Als eines, das man bekommt, und als eines, das man gibt. Um Weihnachten schenken wir viel. Vielleicht wäre das kostbarste Geschenk sehr oft ein Stück Zeit, im Geschenkkarton höflicher Zuneigung und mit der Schleife der Geduld, nicht eingewickelt in das Zeitungspapier nervöser Eile und rasch zusammengeschnürt mit dem Spagat der Lieblosigkeit.

VOM SCHENKEN

Im Ganzen ist es doch ein schöner Brauch,
das Schenken rund um die Weihnacht,
ein Stück Kultur des Zueinander und Füreinander,
eine freundliche Geste in der grauen Straße
des Alltags.

WEIHNACHTEN IST AUCH AUSEINANDERSETZUNG.

—

Darum gehört zur christlichen Weihnacht auch das hellwache Sein. Auseinandersetzen mit dem Dunkel. Das Beladen des nächsten LKW mit Hilfsgütern genau wie das Kerzenanzünden am Baum, die Sorge für das werdende und der Schutz für das verlöschende Leben genauso wie die schöne alte Wiegenweise für das Christkind, das Eintreten für Flüchtlinge genauso wie das Anklöpfelsingen, die Initiativen um die Obdachlosen genauso wie das Strohsternekleben, die Bemühungen um Sozialisierung und Rehabilitierung genauso wie das Krippenbauen.

DIESES KIND,

das die Weltgeschichte in Atem hält, ob man's nun wahrhaben
will oder nicht, verheißt einen Schalom, einen Frieden, der
das ersehnte Schweigen der Waffen bei weitem übersteigt und
mitten in einer bedrängten Lebenswirklichkeit aufblühen kann.
Denn von diesem Kind gilt, was ein Weiser des Alten Testaments
einige hundert Jahre vorher ahnend ausgesprochen hat:
Als tiefes Schweigen das ganze All umfing und als die Nacht
in der Mitte hielt ihre Bahn, da sprang dein allmächtiges Wort
vom Himmel hernieder auf die Erde.

WEIHNACHTEN HAT WIRKLICH EINE KOSMISCHE DIMENSION,

———

die die Lichtjahre und die Weiten des Weltalls und das Ende des Universums umspannt. Dieses Fest verkündet die Botschaft vom ewigen Wort, das diese Welt geschaffen hat, und das sich dieser Schöpfung schenkt, nicht nur in Bethlehem, sondern heute und immer wieder und überall, in den tausend Formen, in denen Gott kommt, im Leben des Einzelnen, in der Geschichte der Welt und im Werden und Vergehen des Alls, das eben deshalb für den Christen aus allen Dunkelheiten einem hellen Horizont entgegensteuert, weil Gott zu ihm „ja" gesagt hat.

Weihnachten ist mehr

Wenn wir am Heiligen Abend an den Paketen nesteln, um die schöne Verpackung zu lösen und zu dem vorzudringen, was sie verbergen – dann sollte uns mehr aufgehen als ein paar Maschen, Knoten oder Schleifen, und wir sollten mehr finden als die eine oder andere Überraschung. Wir sollten etwas von dem Geheimnis erfahren, das unser Dasein umfängt.

liebe

MAN KANN UND DARF DIE WEIHNACHT NICHT FEIERN

—

ohne den Impuls zum Gutsein und ohne den leisen
und für viele nicht leichten Aufschwung des Herzens
zum Glauben, dass hinter den Lichtern und Schatten
der Zeit doch ewige Liebe waltet.

GOTT LANDET LEISE –

nicht nur in der Krippe, auch in unseren Herzen.
In jeder echten Selbsterkenntnis, in jedem Sinneswandel,
in jedem guten Gedanken, in jedem Erwachen von Liebe
und Einfühlung, in jedem Entschluss zu helfen,
landet Gott in unserem Herzen – fast immer leise.

LEID UND HERRLICHKEIT

Die Nacht der Geburt des Herrn birgt beides,
das stumme Leid der Welt und die Herrlichkeit,
die aus dem Schweigen der Ewigkeit kommt.

IM ERSTEN LÄCHELN DES KINDES VON BETHLEHEM

wird eine selige Brücke zwischen Gott und der Menschheit geschlagen.
Darum heißt es in der Liturgie der Weihnacht: „Erschienen ist die
Menschenfreundlichkeit unseres Gottes …"
Und darum muss mit diesem Fest ein tausendfaches Lächeln über die
Erde gehen, so wie die aufgehende Sonne in tausend kleinen Tautropfen
aufblitzt: ein Lächeln der Freude über ein Geschenk, das überrascht; ein
verständnisvolles Lächeln in einer Geste der Versöhnung; ein Lächeln
des Vereinsamten, der eine Aufmerksamkeit erfährt; ein Lächeln des
Hungernden, der Hilfe erlebt; ein Lächeln des Gedrückten, der Solidarität
zu spüren bekommt; ein Lächeln des Flüchtlings, der eine Bleibe findet;
ein Lächeln des lange Wartenden, der den ersehnten Brief öffnet …
Das Maß der rechten Feier der Weihnacht liegt darin, wie viel befreiendes
Lächeln wir rund um dieses Fest in die Welt zaubern.

DAS FEST

———

hat in unseren Breitengraden einen sehr tiefen Gemütswert, vielleicht spielt auch die Erinnerung an die Kindheit dabei eine wichtige Rolle. Die Gefahr ist, dass Weihnachten ein Wintermärchen wird und dass dieser wunderbare kulturelle Rahmen mit Brauchtum und Krippe und Baum und Musik und Harfe und Orgel und Weihnachtsspiel, dass dieser wunderbare Rahmen, an dem die Jahrhunderte geschnitzt haben, bei manchen Leuten nur noch ein Rahmen ist, aber leer, wenn das eigentliche Geheimnis verschwindet. Das wäre schade. Und das möchte ich vielen wünschen, dass sie in der Mitte des wunderbaren Rahmens der Advent- und Weihnachtszeit das tröstende Geheimnis haben.

VEREHRTE LESERINNEN UND LESER

—

ich möchte Ihnen von Herzen wünschen,
dass bei Ihnen auf der Ruhebank der Feiertage
auch die Melodie der Dankbarkeit aufsteigt,
mit dem Blick auf dieses Kind von Bethlehem
und auf vieles in Ihrem ganzen Leben.

NACHWORT

Ich habe Bischof Reinhold Stecher einmal nach ganz persönlichen Erinnerungen an Weihnachten gefragt. Da hat er von einfachen, bescheidenen, aber umso herzlicheren Festen in seiner Kindheit erzählt, von Gottesdiensten und schön gestalteten liturgischen Feiern im kirchlichen Raum, im Paulinum, im Dom und unter freiem Himmel beim Höttinger Bild. Besonders eingeprägt hat sich ihm ein Heiliger Abend an der Front. Stecher bekommt die Erlaubnis, mit einem Kameraden über das Niemandsland zum nächsten Stützpunkt zu laufen, um dort die heilige Messe mitzufeiern. Stille Nacht 1942 im Norden Finnlands. Auf dem Weg dorthin wird er Zeuge eines unglaublichen Naturschauspiels, er erlebt das Spiel des Nordlichts, das den Himmel in leuchtende Farben taucht und Licht ins Dunkel bringt. Warum ich das erzähle? Weil uns diese Geschichte daran erinnert, dass über uns immer wieder ein Licht des Himmels aufstrahlt, unabhängig davon, wie kalt und lieblos die Welt gerade ist. Es ist an uns, Wärme und Licht weiterzuschenken, damit die Liebe und Menschenfreundlichkeit Gottes Hand und Fuß bekommt und die Welt ein wenig wärmer und heller wird.

PETER JUNGMANN

Obmann des Bischof-Stecher-Gedächtnisvereins
www.bischof-stecher-verein.at

Die Bildmotive:

Umschlag: Rojen, Obervinschgau, **Seite 6:** Blick von Garn über Verdings ins Eisacktal, **Seite 11:** Winterabend in Innsbruck, **Seite 12:** Winterbach, **Seite 15:** St. Georgenberg, **Seite 16:** Winterabend vor der Nockspitze, **Seiten 18/19:** Nachtwallfahrt zum Kloster St. Georgenberg (Ausschnitt), **Seite 23:** Goldenes Dachl, **Seite 24:** Winterwind, **Seite 27:** Berggipfel über dem Nebel, **Seite 28:** Mutters mit Nockspitze, **Seiten 30/31:** Wintersonne über den Drei Zinnen, **Seite 35:** Bergsee, **Seite 36:** St Katharina in Hafling bei Meran, **Seite 39:** Morgen über den Stubaiern, **Seite 40:** Höttinger Bild, **Seite 43:** St Nikolaus am Ritten mit Blick zum Schlern, **Seiten 44/45:** Bettelwurf am Abend, **Seite 47:** Nordlicht über Lappland

2. Auflage 2021

© 2020 Verlagsanstalt Tyrolia, Innsbruck

Die Texte stammen aus den im Tyrolia-Verlag erschienenen Büchern von Reinhold Stecher, großteils aus dem Buch „Die leisen Seiten der Weihnacht". Für die Zustimmung zur Verwendung von Aquarellen aus dem Nachlass von Bischof Stecher danken wir den Nachlassverwaltern Dr. Paul und Inge Ladurner.

Layoutentwurf: stadthaus 38, Innsbruck

Gestaltung: Tyrolia-Verlag, Innsbruck

Lithografie: Artilitho, Trento (I)

Druck und Bindung: Florjancic, Maribor

ISBN 978-3-7022-3890-2

E-Mail: buchverlag@tyrolia.at

Internet: www.tyrolia-verlag.at